CUENTO DE LUZ

Esta colección de libros infantiles, inspirados en historias reales, nace del corazón y de la unión de la Fundación Lo Que de Verdad Importa y la editorial Cuento de Luz.

Compartimos sueños, ilusión y la misma filosofía de difusión de valores universales.

Esperamos que familias, escuelas, bibliotecas, librerías, grandes y pequeños de muchos rincones del mundo disfruten, se inspiren y se emocionen con su lectura y descubran, si aún no lo saben, lo que de verdad importa.

María Franco
Lo Que de Verdad Importa
www.loquedeverdadimporta.org

Ana Eulate
Cuento de Luz
www.cuentodeluz.com

Rafa Nadal
© 2016 del texto: Marta Barroso
© 2016 de las ilustraciones: Mónica Carretero
© 2016 Cuento de Luz SL
Calle Claveles, 10 | Urb. Monteclaro | Pozuelo de Alarcón | 28223 | Madrid | Spain
www.cuentodeluz.com
ISBN: 978-84-16733-03-3
Impreso en China por Shanghai Chenxi Printing Co., Ltd. agosto 2016, tirada número 1589-5

PAPEL de PIEDRA
SIN ÁRBOLES · SIN AGUA · SIN CLORO

RAFA NADAL

«Lo que de verdad importa es ser feliz
en el camino, no esperar a la meta».

Rafa Nadal

Marta Barroso

Ilustrado por **Mónica Carretero**

Un niño se sentó en un banco y se encontró con la ilusión.
«Y tú, ¿quién eres?» preguntó.
«La ilusión».
«¿Y eso? Nunca lo había oído».
«No sé, quizás seas demasiado pequeño para entenderlo».
El niño insistió. Su deseo de saber era inmenso.
«¿Pero qué es?»
La ilusión, sonriendo, intentó explicarse.
«Es esa emoción que sientes cuando tienes muchísimas
ganas de que algo ocurra».

«Muchas personas mayores intentan ver en mí algo difícil de realizar, pero yo te doy mi palabra de que si confías en ti mismo, piensas en positivo y trabajas para conseguir tu sueño me conseguirás. La ilusión... la ilusión es la alegría de vivir».

El pequeño se quedó dubitativo. Su curiosidad, sin límites, le empujó a hacer una nueva pregunta:

«¿Te importaría explicármelo con algún ejemplo? Creo que me va a encantar lo que se encierra dentro de ti».

La ilusión se puso a trabajar. Buscó las palabras adecuadas para colocarlas en su sitio correspondiente y decidió componer con ellas un cuento, un cuento que el niño guardase en su corazón y le ayudase a crecer con ella. La ilusión cerró sus ojos y comenzó.

"Érase una vez... Sí, érase una vez un niño al que le encantaba jugar al tenis y al fútbol, como a tantos otros niños que vivían en los rincones más dispares del mundo. Se llamaba Rafael y tenía cuatro años. Se pasaba el día pegado a una raqueta y a un balón.

A veces soñaba con ser futbolista. Como su tío Toni, uno de los cuatro hermanos de su padre. Le decía que habia sido una de las grandes estrellas del AC Milán y conocido mundialmente como el gran Natali, gracias a su extraordinario juego.

Le contaba una y mil veces las jugadas más importantes de su carrera, en especial el supergol que llevó a su equipo a ganar la copa de Europa y que marcó gracias al pase extraordinario de su compañero Spaguetti.

«¿O fue Macaroni? ¡Qué más da!», exclamaba su tío con la memoria aturdida de tanta emoción. Para él todos sus compañeros eran igual de importantes y sabía que sin ellos no podría ser nada.

Y Rafa, en su inocencia, asentía: «¡Qué más da!».

Y se iba corriendo a casa para contarles a sus queridísimos padres, Sebastián y Ana María, y a su hermana del alma, Maribel, las hazañas del gran Natali. Narraba con tal admiración los hechos que todos sonreían divertidos. En más de una ocasión su padre reía y movía la cabeza de un lado para otro pensando en las historias que se inventaba su hermano Toni y que su hijo siempre se creía.

La vida de Rafa, un chico muy bueno y bastante tímido, transcurría como la de un niño normal. Tenía la inmensa fortuna de tener una familia muy unida y los fines de semana se reunían todos con los tíos y los primos en casa de los abuelos paternos y montaban grandes comidas familiares en las que hablaban, opinaban y escuchaban.

«Qué suerte la mía», pensaba Rafa muchas veces.

Su tío Toni, que quizás no fuese una estrella del fútbol, pero era un sabio del tenis, le enseñó a jugar en las clases que recibía junto a otros niños y Rafa empezó a despuntar en este deporte. Así fue como el balón de fútbol pasó a un segundo plano y el protagonismo lo tomaron las pelotas de tenis.

El gran Natali supo enseguida que su sobrino tenía un talento especial para el tenis. Comenzó a entrenarlo con más intesidad y le repetía una y otra vez lo que para él era lo más importante, que no era otra cosa que ilusionarse con lo que hacía.

«Rafael, si te ilusionas con el juego y disfrutas con lo que haces es más fácil que todo vaya bien y por lo tanto tu propia vida también». Rafa lo entendía porque la ilusión, de una manera o de otra, siempre había formado parte de su vida.

Su tío Toni, además, era mago. Y ponía siempre una ilusión especial en todo lo que hacía. Creía tanto en la ilusión que conseguía que su sobrino Rafa, por ejemplo, se volviera invisible delante de toda su familia. ¡Cómo se asustaban todos al ver que desaparecía y el vaso que llevaba en la mano se movía solo por el salón! ¡Cuántas risas compartidas! Otras veces conseguía traspasar con sus poderes la pantalla de la televisión para ayudar a un jugador a ganar cuando el contrario no se comportaba como un tenista respetable.

De esta manera Rafa pudo saber desde muy joven la importancia de la palabra *respeto* y le prometió a su tío que intentaría siempre entrar con buena cara a la pista. Así, sin casi enterarse, se fue empapando de valores. Y aprendió.
A ganar y a perder.

Apenas con ocho años tuvo que sustituir en su club a un jugador
lesionado del equipo de los mayores, que eran chicos que
superaban los doce años. Mientras iban en el automóvil hacia
el club su tío y entrenador le dijo: «No te preocupes de nada,
probablemente vas a perder, pero tú lucha hasta el final. Y si veo
que lo estás pasando muy mal, haré llover y se parará el partido».
Rafa lo miró impresionado y como creía firmemente en él, supo que
sería capaz de hacerlo.

Efectivamente empezó a perder: 1-0, 2-0, 3-0, 4-0, 5-0. En el tiempo de descanso corrió hacia su tío y y se sentó en el banquillo.

Toni le dijo: «Disfruta y lucha hasta el final».

Rafa volvió a la pista con esas palabras grabadas en su cabeza y comenzó a remontar. Cuando iban 5-4 empezó a llover y detuvieron el partido. Miró a su tío, se acercó sigilosamente y le susurró:

«Natali, ¿puedes parar la lluvia? Creo que puedo ganar».

Pero su tío Toni, el gran Natali, el mago, prefirió no hacerlo.

«Quizás fue porque decidió que Rafa tenía que aprender también a perder —comentó pensativa la ilusión—.

De todas formas dejó de llover y tampoco Rafa ganó el partido. Tan importante es saber perder como saber ganar».

Su carrera continuó y a los once y doce años fue campeón de España. Ganó torneos en todas las categorías, incluido el torneo internacional "Le petit as".

Fue el principio de una carrera sin límite, los primeros pasos que determinarían una personalidad marcada por la sinceridad, la humildad, el respeto, el agradecimiento y la responsabilidad.

«Solo haciéndote responsable de tus hechos sabrás que cada acción tiene su efecto —le repetía Toni—. Si quieres ser un número uno, responsabilízate y no olvides que esto conlleva un esfuerzo. Pero no solo en el tenis, Rafael. En cualquier actividad que hagas en la vida. Un maestro, un escritor, un cocinero: todos deben actuar con la responsabilidad que conlleva intentar ser el mejor. Y no olvides algo muy, muy importante. Ser el número uno en la profesión que has elegido en la vida es solo eso. En el resto de tu día eres exactamente igual que los demás».

Y así, el uno junto al otro, siempre, empezaron a alimentar una ilusión.

Rafa creció y se entrenó día a día bajo la atenta mirada de su tío Toni, que lo trató siempre como si fuera su propio hijo pero respetando, por supuesto, el papel fundamental de sus padres. Se preparó a conciencia, en paralelo, para la vida y para su carrera. Teniendo muy presente lo que tan claro tenía su tío: «El aprendizaje que hagas a nivel profesional tendrá repercusión en tu forma de vivir».

Poco a poco, paso a paso, trabajando su cuerpo y su mente, llegó a ser el número uno y se convirtió en un ejemplo para millones de personas.

Ídolo de niños y adultos, Rafael se transformó en Rafa para su interminable legión de admiradores y siguió siendo el mismo, en los buenos momentos y en los malos.

Se esforzó duramente, sin quejarse jamás, sin cambiar nunca su forma de ser. Aprendió lo que tanto le enseñó su tío. A hacer del tenis un deporte sencillo.

Rafa valoró el equipo que todavía hoy lo rodea, al que ha mantenido a su lado durante toda su carrera. Un equipo que era como una gran familia y que se unía a la suya, en el palco que tenían reservado para ellos en cualquier torneo del mundo. Hacia allí miraba para buscar ánimo cuando más lo necesitaba. Y siempre con la humildad como bandera agradecía todo lo que le estaba sucediendo.

«¡Qué afortunado soy!», se repetía una y otra vez.

«Corrí tras una ilusión y la atrapé. La cultivé y la mantengo. El esfuerzo ha sido grande, pero ha merecido la pena. Soy muy feliz y solo puedo dar las gracias».

Muchos años más tarde, el pequeño se hizo hombre y le contó la misma historia a su hijo, pero esta vez desde su propria experiencia.

Con su ejemplo, Rafa le enseñó a luchar para conseguir su sueño.

Con sus palabras, Toni le ayudó a salir adelante y a descubrir el lado bueno de la vida. La alegría de vivir.

Sobre la *Fundación Lo que de Verdad Importa*

La Fundación Lo Que De Verdad Importa tiene como fin la difusión de valores universales en la sociedad.

Su principal proyecto son los congresos Lo Que De Verdad Importa, dirigidos a jóvenes.

Cada año se realizan en ocho ciudades en España y en más de seis países. En ellos, varios ponentes comparten sus historias de vida, reales e inspiradoras que nos invitan a descubrir lo que verdaderamente es importante en la vida. Como la de este libro que tienes en tus manos.

Puedes acompañarnos, escuchar más testimonios y conocernos un poco más en www.loquedeverdadimporta.org

¡Nos encantará tu visita!

María Franco
Fundación Lo que de Verdad Importa